DEUX MÈRES

COMÉDIE POUR JEUNES FILLES

A LA MÊME LIBRAIRIE

DU MÊME AUTEUR :

Vient de paraître

LES ENFANTS AU SALON, 1 vol. in-18, par la poste..... 3 fr. 25

SIX COMÉDIES POUR JEUNES FILLES, 1 vol. in-18, par la poste.................................... 3 fr. 25

Comédies pour la Jeunesse

	G.	F.	PRIX
LES AMIS DE PROVINCE........................	2	4	1 »
L'ATELIER DE PEINTURE........................	3	4	1 »
LES AVOCATS..................................	4	»	1 »
LE CRIME DE MOUTIERS.........................	5	»	1 »
LE GÉNÉRAL PRUNEAU (DE TOURS)...............	2	1	1 »
LE PATÉ......................................	3	1	1 »
TOUT-PARIS, revue par les Pupazzi.............			» 60

Imprimerie générale de Châtillon-sur-Seine. — M. PEPIN.

DEUX MÈRES

COMÉDIE POUR JEUNES FILLES

PAR

LEMERCIER DE NEUVILLE

PARIS
LIBRAIRIE THÉATRALE
14, RUE DE GRAMMONT, 14

—

1889

PERSONNAGES

LA MÈRE MORIN, fermière (50 ans).

LA COMTESSE DE LANGE (42 ans).

BLANCHE (20 ans).

JEANNETTE (18 ans).

NANON, vieille servante (60 ans).

Cette pièce est extraite du volume *Saynètes pour jeunes filles*, du même auteur.

DEUX MÈRES

Une chaumière cossue, dans un village, en 1813.

SCÈNE PREMIÈRE

BLANCHE, JEANNETTE, NANON, rangeant une armoire.

BLANCHE, lisant un journal.

Encore une victoire de l'empereur à Lutzen !

JEANNETTE.

C'est écrit là ?

BLANCHE.

Oui, si tu savais lire, Jeannette, tu pourrais comme moi apprendre cela par le journal.

JEANNETTE.

Qu'est-ce que tu veux, Blanchette, moi, je n'ai pas les dispositions !

BLANCHE.

Tu as été à l'école, comme moi, et tu n'as jamais voulu rien faire.

JEANNETTE.

Il paraît que ce n'était pas dans ma nature ! Et puis, je n'ai pas besoin de ça pour traire les vaches et faire la moisson. Avec ça que je ne ferai rien autre chose toute ma vie, moi, une pauvre petite fille abandonnée, recueillie par charité par ta mère, madame Morin.

NANON, redescendant la scène.

Ça, c'est vrai; j'étais là quand ça s'est passé.

JEANNETTE.

Tu me l'as déjà dit bien des fois, Nanon. Raconte-moi encore mon histoire.

NANON.

J'crois y être encore ! Le père Morin vivait dans ce temps-là, c'était en 1795, il y a vingt-et-un ans; on n'était pas tranquille dans le village, parce qu'il était occupé tantôt par les chouans, tantôt par les républicains qui se faisaient une guerre à mort.

JEANNETTE.

Pourquoi ça ?

NANON.

Je ne sais pas, mais c'était comme ça. — Un soir, nous étions au coin du feu, le père et la mère Morin, Blanchette et moi.

BLANCHE.

J'étais là aussi ?

NANON.

Tu avais deux ans; je te tenais sur mes genoux. Il

pleuvait à verse et nous entendions au dehors passer les traînards d'une troupe de Vendéens. Tout à coup, la porte s'ouvrit brusquement, une femme entra avec un petit enfant sur le dos et, sans dire un mot, posa l'enfant sur la table et s'éloigna.

JEANNETTE.

Et cet enfant, c'était moi?

NANON.

C'était toi. — Le père Morin se leva, courut à la porte, mais il faisait nuit noire. Il ne vit personne. Alors il revint lentement, te prit dans ses bras; tu étais gentille, tu souriais; il t'embrassa et, te déposant près de Blanchette, il dit : « Tiens, Blanchette voici une petite sœur! » Alors la mère Morin, qui pleurait, se jeta dans les bras de son mari et s'écria : « Tu es bon, mon homme, tu es bon! » Voilà toute ton histoire, Jeannette; aussi tu dois bien aimer la mère Morin, puisque le père Morin, lui, est allé retrouver le bon Dieu.

JEANNETTE.

Je l'aime bien aussi! Comme si c'était ma mère.

NANON.

Elle te le rend bien, va! Si t'avais voulu travailler, tu aurais été aussi savante que Blanchette! Mais tu n'as jamais voulu rien faire à l'école, alors on t'a laissée à la ferme, que veux-tu!

JEANNETTE.

Oh! moi, j'me plains pas... C'est Blanchette que je plains, qui veut me rendre savante malgré moi. Mais c'est impossible! J'ai beau m'appliquer, ça n'entre pas là dedans.

Elle se frappe la tête.

BLANCHE, embrassant Jeannette.

Ça n'empêche pas que je t'aime bien.

SCÈNE II

LES MÊMES, LA MÈRE MORIN.

LA MÈRE MORIN.

Eh bien ! Eh bien ! Qu'est-ce qu'on fait là ? On bavarde au lieu de travailler !

BLANCHE.

Maman !

JEANNETTE.

Mère Morin !

NANON.

Bah ! faut bien que ça cause, c'est jeune !

LA MÈRE MORIN.

En attendant, les poules n'ont pas à manger, les oies ne sont pas rentrées et les serviettes ne sont pas raccommodées ! Allons, vite, Blanchette, Jeannette, à la besogne !

BLANCHE, JEANNETTE.

Nous y allons ! Nous y allons !

Elles sortent.

SCÈNE III

LA MÈRE MORIN, NANON.

NANON.

Elles sont bien gentilles, tout de même! Comme ça pousse! C'est pas ça qui nous rajeunit.

LA MÈRE MORIN.

A qui le dis-tu? Tous les jours, je me sens plus vieille et je me demande ce qu'elles deviendront quand je ne serai plus là.

NANON.

Il n'est pas encore temps de vous en aller, vous êtes solide.

LA MÈRE MORIN.

Pas tant que ça! Jeannette, que j'aime comme Blanchette, je ne m'en inquiète guère, elle trouvera toujours à se placer; mais Blanchette, avec l'éducation que je lui ai donnée!

NANON.

C'est vrai que vous l'avez élevée comme une demoiselle de la ville.

LA MÈRE MORIN.

C'était mon devoir!

NANON.

Vous avez fait comme vous avez voulu, c'est pas mon affaire, et Blanchette est une brave jeune fille qui vous fait honneur; mais pas moins vrai que pour une campagnarde, elle est éduquée plus qu'elle n'en aura besoin.

LA MÈRE MORIN.

Qu'en sais-tu ?

NANON.

Dame! Elle sait lire, écrire, compter, et un tas de choses que je ne comprends point! C'est bien inutile pour diriger une ferme.

LA MÈRE MORIN.

C'est vrai! Mais si je te disais...

NANON, *vivement.*

Quoi?

LA MÈRE MORIN.

Rien! c'est un secret!

NANON, *piquée.*

Un secret! Alors je ne dis plus rien! Ça ne me regarde pas!

LA MÈRE MORIN.

Oui! C'est un secret, je l'ai toujours gardé, mais maintenant il m'étouffe! Je puis mourir, je ne voudrais pas l'emporter avec moi...

NANON.

Je suis trop vieille et trop ignorante pour que vous me le confiiez. Allez! mère Morin, mettons que je n'ai rien dit et n'en parlons plus.

LA MÈRE MORIN.

Ne te fâche pas. Je devrais me taire, mais, aujour d'hui, j'ai besoin d'une confidente, et toi, si bonne, si dévouée, tu es la seule personne à qui je me risquerais à dire mon secret... Il faudrait pour cela que je fusse sûre de ta discrétion.

NANON.

Il y aura vingt-cinq ans à la Saint-Jean que je suis dans votr'maison, mame Morin, que j'y étais même du temps de défunt votre père; que j'ai assisté à vos noces, que j'ai vu naître Blanchette, recueillir la petite Jeannette, enterrer votre défunt mari et rebâtir la ferme à neuf; dans tout ça, j'ai jamais rien dit que je ne devais, pas vrai? Alors donc, si vous n'avez pas confiance, ne me dites rien.

LA MÈRE MORIN.

C'est que c'est un grand secret! Jure-moi que tu ne répéteras à personne, ni à Blanchette, ni à Jeannette, ni à personne enfin, ce que je vais te dire.

NANON.

Ben sûr, non! allez! je ne dirai rien.

LA MÈRE MORIN.

Mais jure-le.

NANON.

Eh ben, je l'jure, là! Et que le diable m'emporte au fin fond des enfers si jamais j'en dis un mot.

LA MÈRE MORIN.

Ecoute donc! Te souviens-tu de la naissance de... de Blanchette?

NANON.

Parbleu! si je m'en souviens! Qu'elle était chétive! Chétive, qu'on croyait qu'elle ne vivrait pas...

LA MÈRE MORIN.

Elle est morte, en effet, le soir même de sa naissance.

NANON.

Qu'est-ce que vous me dites là...? Blanchette est morte!

LA MÈRE MORIN.

Ecoute! Ce soir-là, le 4 nivôse 93, pendant que Morin était allé chercher le médecin et toi la nourrice, l'enfant mourut dans mes bras et je pleurai toutes les larmes de mon corps. Tu sais qu'en ce temps-là, tous les nobles étaient suspects : dès qu'on en trouvait un, son procès n'était pas long! Il ne sortait de prison que pour monter sur la guillotine.

NANON.

Si je m'en souviens!

LA MÈRE MORIN.

On n'épargnait pas même les femmes! — Or, voici que le seigneur d'un château voisin, qui est maintenant en ruines, le comte de Lange, avait été dénoncé, juste au moment où la comtesse venait de mettre au monde une petite fille. Il fallait fuir quand même et promptement. L'enfant était très embarras, sant. Le comte, qui nous connaissait et qui savait, tout se sait au village, la situation dans laquelle je me trouvais, vint le soir avec sa petite fille dans ses bras. Alors...

NANON.

Je comprends. Il prit l'enfant mort et vous laissa l'enfant vivant.

LA MÈRE MORIN.

Oui! Il me laissa en outre une grosse somme d'argent, puis il me promit de m'en envoyer autant chaque année.

NANON.

Et il tint parole?

LA MÈRE MORIN.

Pendant dix ans! Puis je ne reçus plus rien, pas même de lettres.

NANON.

Eh bien, c'est qu'ils n'existent plus!

LA MÈRE MORIN.

Je le suppose. Blanchette a toujours passé pour ma fille ; Morin, lui-même, n'a pas connu la substitution, et maintenant, au bout de vingt ans, quand depuis dix ans ses véritables parents ne reparaissent pas, il me semble qu'elle est bien à moi.

NANON.

Eh! sans doute! Alors, qu'est-ce qui vous tourmente?

LA MÈRE MORIN.

Crois-tu aux rêves, Nanon?

NANON.

Moi, je n'rêve jamais, j'aime mieux dormir.

LA MÈRE MORIN.

Eh bien! depuis quelques jours, je rêve qu'on vient me reprendre Blanchette.

NANON.

C'est des bêtises! Ne vous inquiétez donc pas comme ça.

LA MÈRE MORIN.

Tu as peut-être raison! Et maintenant que je t'ai confié ce secret, je me sens toute soulagée! Mais tu seras discrète?

NANON.

Je vous l'ai juré! n'ayez pas peur! Allez, madame Morin, la vieille Nanon est une honnête femme qui ne ferait du tort à personne.

LA MÈRE MORIN.

Voici Blanchette!

NANON.

Soyez tranquille! je ne lui dirai rien. (La mère Morin sort.) En voilà une histoire! Qui est-ce qui aurait jamais dit ça! Blanchette, la fille d'un seigneur! Dame! quand elle est habillée, le dimanche, elle en a bien l'air!

SCÈNE IV

NANON, BLANCHE.

BLANCHE, portant un paquet de linge.

Là! maintenant, en avant la couture! Je ne sais comment ça s'use, le linge, mais il n'y a pas une serviette qui n'ait besoin d'être revue.

NANON.

C'est le blanchissage.

BLANCHE, s'asseyant et raccommodant le linge.

C'est bien possible!

NANON.

Autrefois, c'est moi qui les raccommodais, mais je n'ai plus mes yeux de vingt ans, je n'y vois pas même avec des lunettes.

BLANCHE.

Chacun son tour ! Moi, ça ne m'ennuie pas de travailler.

NANON, la regardant, à part

Bonne petite fille ! Et dire que c'est une comtesse !

BLANCHE.

Je me pique parfois les doigts, mais ça ne fait rien ! Je fais maintenant des reprises perdues où l'on ne peut rien voir.

NANON, à part.

Et dire que ça pourrait nous manquer un jour, un trésor pareil !

BLANCHE.

Est-ce que tu marquais aussi, toi ?

NANON.

Moi, mais oui, mademoiselle.

BLANCHE.

Tiens ! Pourquoi m'appelles-tu mademoiselle... ?

NANON.

Moi ? J'ai dit... (A part.) Ah ! je m'en vais, j'ai trop d'émotion !

BLANCHE.

Tu t'en vas !...

NANON.

Oui, mademoiselle... (se reprenant). Oui, Blanchette, je vais... j'ai à travailler. (A part). Sapristi, il faut que je m'accoutume et que je ne fasse rien paraître. J'ai promis le secret...

Elle sort en essuyant une larme.

SCÈNE V

BLANCHE, JEANNETTE, entrant par le fond avec une grande tartine de beurre à la main.

BLANCHE.

Qu'est-ce qu'elle a ? Qu'est-ce qu'elle a ? Nanon qui m'appelle mademoiselle, maintenant !

JEANNETTE, entrant.

Non ! ce que j'avais faim ! Tu n'en as pas d'idée, Blanchette !

BLANCHE.

C'est une bonne maladie !

JEANNETTE.

Veux-tu un peu de ma tartine ?

BLANCHE.

Merci, j'attendrai le déjeuner.

JEANNETTE.

Dame ! quand on court dans les champs et qu'on est dehors toute la journée, ça donne de l'appétit ! Avec ça que les oies m'ont fait courir. C'est mauvais comme tout, ces bêtes-là !

BLANCHE.

Je ne sais pas, je n'ai jamais eu affaire aux oies.

JEANNETTE.

J'aime mieux les vaches, ça obéit mieux ! Les dindons aussi, c'est mauvais ! ça pique !

BLANCHE.

Je vois que tu connais bien toutes tes bêtes.

JEANNETTE.

Dame, puisque je suis obligée de vivre avec elles !

BLANCHE.

Aussi, pourquoi n'as-tu voulu rien apprendre ?

JEANNETTE.

J'sais pas ! Mais il y a une chose que je regrette de ne pas savoir.

BLANCHE.

Quoi donc ?

JEANNETTE.

C'est la couture !

BLANCHE.

Ce n'est pas bien difficile ; si tu veux être bien docile, je t'apprendrai.

JEANNETTE.

Vrai ! Oh ! comme tu es gentille ! Tu m'apprendras à raccommoder, à ourler, à coudre des robes...

BLANCHE.

Tout ce que tu voudras !

JEANNETTE.

Je veux savoir tout cela bien vite.

BLANCHE.

Tu es donc bien pressée ?

JEANNETTE.

Oui, je vais te dire cela : mais ne le dis pas ! J'ai une idée.

BLANCHE.

Une idée ! toi, Jeannette ?

JEANNETTE.

Tiens, pourquoi pas ? Je sais bien que je suis bête ; mais ça passera ! Te rappelles-tu cette belle dame qui est venue, il y a huit jours, à la ferme, demander une tasse de lait ?

BLANCHE.

Oui, eh bien ?

JEANNETTE.

Elle était avec sa femme de chambre, et je l'ai fait causer.

BLANCHE.

La femme de chambre ?

JEANNETTE.

Pardine ! à coup sûr c'était pas la dame à qui j'ai parlé ! Alors, elle m'a raconté qu'elle était bien heureuse, que sa maîtresse lui donnait des robes, des bijoux, et que pour cela elle n'avait à faire que de la couture ! Et puis, elle gagnait beaucoup d'argent qu'elle mettait de côté.

BLANCHE.

Alors, tu voudrais être femme de chambre !

JEANNETTE.

Pourquoi pas ? Je ne veux pas, toute ma vie, garder des oies ; et puis, j'aimerais à aller à la ville, on dit que c'est si joli !

BLANCHE.

Alors, tu nous quitterais?

JEANNETTE.

Dame ! pour cela, il le faudrait bien ! Mais je demanderais à venir vous voir de temps en temps !

BLANCHE.

Et la mère Morin, qu 'est-ce qu'elle dirait? Elle t'appellerait ingrate.

JEANNETTE.

Ingrate ! moi ! Mais non ! je l'aime bien ! Mais enfin, quand elle mourra, qu'est-ce que je deviendrai, moi ?

BLANCHE.

Méchante! Et moi ? Crois-tu donc que je t'abandonnerais ! N'es-tu pas ma sœur ?

JEANNETTE.

Si, ma bonne Blanchette ! Je n'avais pas pensé à cela.

BLANCHE.

Ecoute ! Puisque tu veux bien travailler maintenant, je vais t'apprendre la couture, en cachette, et quand tu sauras bien, que tu pourrais faire aussi bien que moi, nous en ferons la surprise à maman...

JEANNETTE.

A la mère Morin ! Et puis... ?

BLANCHE.

Et puis, je lui dirai que j'ai trop de besogne, que tu pourrais bien m'aider, que tu me tiendras compagnie, car je suis toujours seule pendant que tu es aux champs.

JEANNETTE.

Oui, mais les oies, les dindons, les vaches, qui est-ce qui les soignera ?

BLANCHE.

On prendra un garçon de ferme ; maman a bien le moyen.

JEANNETTE.

Oh ! comme tu es gentille, Blanchette ! C'est convenu ! Viens que je t'embrasse !

Elle l'embrasse.

Voix de la mère Morin, appelant au dehors : Jeannette ! Jeannette !

JEANNETTE.

V'là la mère Morin qui m'appelle ! (Criant.) On y va ! On y va !

Elle sort.

SCÈNE VI

BLANCHE, seule, puis LA COMTESSE.

BLANCHE.

Je n'aurais jamais cru que Jeannette aurait des idées comme ça ! Nous quitter ! Être femme de chambre ! En voilà une ambition ! Cela aura servi du moins à quelque chose, si elle veut travailler avec moi. Là, voilà toutes mes serviettes raccommodées ; je vais m'occuper des nappes, à présent.

Elle se lève et emporte le paquet de serviettes.

LA COMTESSE, sur le seuil de la porte,

Est-ce ici la demeure de madame Morin?

BLANCHE.

Oui, madame, vous désirez lui parler ?

LA COMTESSE, à part.

Cette jeune fille !... Oui, elle aurait son âge !

BLANCHE.

Asseyez-vous, madame, je vais l'avertir.

Elle va pour sortir.

LA COMTESSE, la retenant.

Attendez! Je voudrais auparavant avoir quelques renseignements... Il y a bien longtemps que j'ai quitté le pays et... pendant l'absence, il se passe parfois tant de nouveau...

BLANCHE.

Je suis à vos ordres, madame.

LA COMTESSE.

Mais je suis bien ici chez la mère Morin? Son mari autrefois...

BLANCHE.

Mon père est mort.

LA COMTESSE

Ah! Alors vous êtes...?

BLANCHE.

Blanche Morin, pour vous servir, madame.

LA COMTESSE, à part.

Blanche! c'est ma fille, mon Dieu!... (Haut.) Approchez-vous de moi, mon enfant; je ne vous fais pas peur?

BLANCHE.

Oh ! non ! madame. Vous avez l'air si bon !

LA COMTESSE.

C'est que, moi aussi, j'ai eu une fille qui aurait votre âge, et vous comprenez alors toute la... sympathie qui m'attire vers vous.

BLANCHE.

Oh ! Je comprends bien, madame !

LA COMTESSE.

Et vous aimez beaucoup madame Morin ?

BLANCHE.

Qui n'aimerait pas sa mère ?

LA COMTESSE, à part.

C'est vrai ! Elle en a rempli tous les devoirs, elle ! (Haut.) Et vous êtes seule ? Vous n'avez ni frère, ni sœur ?

BLANCHE.

Si, j'ai une petite compagne, que je considère comme ma sœur, une enfant qui a été recueillie ici ; nous sommes presque du même âge. C'est Jeannette !

LA COMTESSE, à part.

Une enfant recueillie ! Est-ce donc celle-là qui est ma fille ? Et cependant... (Haut.) Et où est-elle, Jeannette ?

BLANCHE.

Oh ! Vous allez la voir tout à l'heure, elle est revenue des champs.

LA COMTESSE, hésitant.

Est-ce que la mère Morin l'aime beaucoup, elle aussi ?

BLANCHE, à part.

Quelles singulières questions ! (Haut.) Mais, oui, madame, comme moi ! Elle ne fait pas de différence entre nous deux. Mais, tenez, madame, voici maman, elle vous donnera tous les renseignements que vous voudrez.

LA MÈRE MORIN, entrant.

Une étrangère ?...

BLANCHE.

Maman, voici une dame qui voudrait te parler.

LA MÈRE MORIN.

Madame ?...

LA COMTESSE.

Si vous le voulez bien...

LA MÈRE MORIN.

Laisse-nous, ma fille...

La comtesse la regarde s'éloigner.

BLANCHE, à part, en sortant.

Quelle est cette dame ? Je ne l'ai jamais vue ici, et maman n'a pas l'air de la connaître.

Elle sort.

SCÈNE VII

LA MÈRE MORIN, LA COMTESSE.

LA MÈRE MORIN.

Asseyez-vous, madame.

LA COMTESSE.

Merci, madame Morin ! Vous ne me reconnaissez pas ?

LA MÈRE MORIN.

Mais... non... madame !

LA COMTESSE.

Le fait est qu'il y a bien longtemps que vous ne m'avez vue et qu'ayant beaucoup souffert, j'ai dû beaucoup changer... Je suis la comtesse de Lange !

LA MÈRE MORIN. Elle s'assied accablée.

Ah ! mon Dieu !

LA COMTESSE.

Oui ! Je m'attendais à cette exclamation ! J'ai l'air d'un revenant ! Mais, heureusement, je suis bien vivante !

LA MÈRE MORIN, accablée, à elle-même.

La comtesse de Lange !

LA COMTESSE.

Ma visite ne doit pas vous étonner, pourtant. Elle est si naturelle ! Je viens vous redemander ma fille !

LA MÈRE MORIN.

Votre fille ? Votre fille ?

LA COMTESSE.

Mais, sans doute ! Vous ne pouvez avoir oublié...

LA MÈRE MORIN.

Je n'ai rien oublié, madame la comtesse, c'est vous, au contraire, qui semblez avoir perdu la mémoire.

LA COMTESSE.

Expliquez-vous !

LA MÈRE MORIN.

Monsieur le comte a dû vous répéter les paroles qu'il m'avait dites ; bien qu'à ce moment-là, je fusse à moitié morte de souffrance et de douleur, et que toute ma pensée appartînt au petit être que je venais de perdre, monsieur le comte me dit : « Puisque vous venez de perdre votre fille, que la mienne soit la vôtre, elle est chez de braves gens ! Je ne la reverrai peut-être jamais. » Puis, il me laissa une somme d'argent, et, pendant dix ans, m'a envoyé une somme semblable; puis, je n'ai plus rien reçu.

LA COMTESSE.

Oh ! bien entendu que je compte reconnaître largement...

LA MÈRE MORIN, l'interrompant.

Eh ! madame, il ne s'agit pas d'argent ! Mais, depuis dix ans que je n'ai plus reçu de nouvelles, je pouvais croire..

LA COMTESSE.

A notre mort ! c'est vrai ! Mais il n'a pas tenu à nous que vous eussiez de nos nouvelles. Nous étions partis en Amérique. Tant que nous sommes restés dans des villes, nous avons pu écrire ; mais le comte, dont tous les biens avaient été confisqués et vendus, voulait rétablir sa fortune, précisément pour ce petit être qu'il vous avait confié ; alors, il nous fallut mener une vie nomade, dans des pays sauvages, au milieu de peuples féroces, sans aucune communication avec le monde civilisé. Le comte réussit, notre fortune est triplée ; mais, hélas ! au moment où il allait jouir du bruit de ses efforts, de ses fatigues, la maladie l'emporta. Je suis revenue seule.

LA MÈRE MORIN.

Oh ! je comprends ! je comprends ! Mais enfin, cette enfant que vous appelez votre fille, vous ne la connaissez pas, vous ne l'avez jamais embrassée, elle ne vous a jamais dit : Ma mère ! Vous n'avez jamais senti sur votre sein le doux poids de sa tête blonde, ses petits bras blancs n'ont jamais entouré votre cou, comme un collier ! Vous n'avez pas passé des nuits à guetter son sommeil, à écouter le léger bruit de son haleine, à craindre la maladie ; vous n'avez pas partagé ses premiers jeux, et, tenez, ce mot de « mère » que vous réclamez d'elle, ce n'est pas vous qui le lui avez appris.

LA COMTESSE.

Hélas ! C'est vrai !

LA MÈRE MORIN.

Est-ce vous qui avez guidé ses premiers pas et reçu en récompense son plus doux sourire ! Et, plus tard, quand elle put comprendre, qui lui a donné les premières notions de religion, de morale et d'honneur, qui a dirigé son cœur... ?

LA COMTESSE, l'interrompant.

Vous ne lui avez jamais parlé de nous ?

LA MÈRE MORIN.

Je ne pouvais pas, madame, puisqu'elle passait pour notre fille ; mais d'ailleurs, je ne le devais pas avant d'être assurée de votre retour.

LA COMTESSE.

Mais enfin, je suis sa mère ! Vous avez eu toutes les joies, toutes les caresses ; et moi, dans l'exil, j'ai été privée de tout ! Croyez-vous donc que..., là-bas, nous ne pensions pas à elle ? Mais elle était notre unique pensée ! Pas un jour n'est passé sans que nous n'ayons parlé d'elle ! Triste exil ! Je ne pouvais voir une mère sans envier son bonheur ! Je souriais aux enfants, je demandais la permission de les embrasser, et, quand j'avais donné mon baiser, il me semblait que je l'avais envoyé ici ! Nous comptions les années, et nous la voyons grandir en regardant les fillettes qui auraient son âge ! Qu'elle nous paraissait grande, notre pauvre demeure ! Et qu'elle était triste ! Aucun rire enfantin ne l'a égayée. Quand l'enfant est mort, la douleur, si grande qu'elle soit, s'efface peu à peu et se change en un souvenir mélancolique..., mais l'absence ! avec l'espoir inquiet, avec la jalousie, cette jalousie maternelle, aussi douloureuse que légitime ! Oh ! allez, j'ai bien souffert ! Et, au moment où je touche au but, où les souffrances vont cesser, vous voudriez me ravir le bonheur de reprendre mon enfant ?

LA MÈRE MORIN.

Je n'ai pas dit cela...

LA COMTESSE.

C'est vrai ! Mais enfin, où est-elle ? Elle devrait déjà être dans mes bras. Je veux la voir !

LA MÈRE MORIN.

Vous la verrez, madame la comtesse, mais je crois, pour vous-même, qu'il serait utile de la préparer. Car elle ne sait rien.

LA COMTESSE.

Peut-être, en effet, cela vaut-il mieux ! Mais elle est ici, vous pouvez lui parler de suite ! Vous comprenez que j'ai hâte... Tenez, je vais vous laisser, je reviendrai dans une heure... Alors... (Vivement.) Oh ! mais, si vous alliez lui dire du mal de moi?

LA MÈRE MORIN.

Ne craignez pas cela, madame. Ce serait une mauvaise action que je ne suis pas capable de commettre!

LA COMTESSE, à elle-même.

Allons ! Encore un peu de patience !

Elle sort.

SCÈNE VIII

LA MÈRE MORIN, NANON

LA MÈRE MORIN.

Mon Dieu ! Le jour que je redoutais tant est arrivé. Que vais-je devenir, moi, maintenant? Oh! comme mon pauvre Morin est heureux d'être mort, car enfin, il a eu une fille, lui! Ma pauvre Blanchette! Comment lui dire ? (Appelant à la porte.) Nanon ! Nanon !

NANON, entrant.

Qu'est-ce qu'il y a donc, mère Morin ? Vous avez l'air ben agitée !

LA MÈRE MORIN.

Et je le suis, va, ma pauvre Nanon ! Il m'arrive maintenant le plus grand malheur que je puisse redouter.

NANON.

Qu'est-ce que c'est ? mon Dieu ! qu'est-ce que c'est ?

LA MÈRE MORIN.

J'en avais le pressentiment ce matin, quand je t'ai confié mon secret.

NANON.

Que j'ai gardé, mère Morin, que j'ai gardé!

LA MÈRE MORIN.

Secret inutile maintenant, car il faut qu'il soit dévoilé.

NANON.

Comment cela?

LA MÈRE MORIN.

Une dame est venue ici tout à l'heure.

NANON.

Je viens de la voir sortir... eh ben?

LA MÈRE MORIN.

Eh bien! c'est la mère de Blanchette, la comtesse de Lange!

NANON

Ah! mon Dieu! qui est-ce qui aurait dit ça! Et moi qui croyais qu'elle était morte!

LA MÈRE MORIN.

Et maintenant, que vais-je faire? que vais-je devenir? Il faut d'abord que je prévienne Blanchette! Oh! je n'en aurai pas le courage!

NANON.

Alors, la comtesse reprendrait sa fille, et vous, vous n'auriez plus rien? Ça n'est pas possible, ça, mère Morin!

LA MÈRE MORIN, pleurant.

Ça sera pourtant ainsi.

NANON.

Voyons ! Voyons ! Faut pas se décourager ! Y aurait peut-être ben moyen d'empêcher ça. D'abord, elle ne l'a jamais vue, sa fille, la comtesse ?

LA MÈRE MORIN

Si, c'est Blanchette qui l'a reçue.

NANON.

Mais elle ne savait pas que c'était sa fille ?

LA MÈRE MORIN.

Assurément non ! J'ai fait sortir Blanchette.

NANON.

Eh ben ! laissez-moi faire, je m'en vas arranger ça.

LA MÈRE MORIN.

Oh ! je ne crois pas ! Mais si tu veux parler toi-même à Blanchette, tu me feras plaisir, car moi, je sens que je n'en aurai pas le courage.

NANON.

Allez vous reposer, mère Morin, et ne vous affligez pas comme ça ! Je me charge de tout, que je vous dis ! allez !

La mère Morin sort.

SCÈNE IX

NANON, puis JEANNETTE.

NANON.

Plus souvent, que je vais avertir Blanchette ! Il faut qu'elle ne sache rien, au contraire. Puisque la comtesse ne connaît pas sa fille, elle aimera tout aussi bien Jeannette, et Blanchette restera avec nous ! Pardine ! C'est pas plus malin que ça ! — V'là justement Jeannette. Je vas lui raconter la chose ! (Jeannette entre.) Dis donc, Jeannette !

JEANNETTE.

Quoi ce qu'il y a, Nanon ?

NANON.

Tu sais ben, l'histoire que je t'ai racontée, à c'matin !

JEANNETTE.

L'histoire de ma naissance ? Tu veux encore me la raconter ? Moi, j'veux ben !

NANON.

Mais non ! Puisque tu la connais depuis longtemps aussi ben que moi, c'est inutile. Seulement, j'voulais te dire : Tu n'as jamais pensé à ce qu'ils pourraient bien être, tes vrais parents ?

JEANNETTE.

Jamais ! Dame ! puisqu'ils m'ont abandonnée, j'étais pas obligée de penser à eux.

NANON.

C'est vrai ! Pas moins vrai qu'c'était ta mère, c'te femme qui t'a posée sur la table.

JEANNETTE.

P't-êt'e ben !

NANON.

Eh ben ! parmi tous ces chouans et ces Vendéens qui passaient par chez nous à ce moment-là, y avait pas mal de nobles qui s'abattaient aussi.

JEANNETTE.

Des nobles ! moi, j'sais pas c'que c'est.

NANON.

Des seigneurs, des gens riches ! quoi !

JEANNETTE.

Ah ! bon ! Mais pourquoi me dis-tu tout ça, Nanon ?

NANON.

Eh ben ! si par hasard ça avait été une personne comme ça qui t'ait posée sur la table ?

JEANNETTE.

Eh ben ? après ?

NANON.

Et qu'elle se retrouve un jour et qu'elle veuille te reprendre. Est-ce que tu voudrais ?

JEANNETTE.

Comment, si je voudrais, mais je crois ben, que j'voudrais ! Alors, ça serait ma mère ?

NANON.

Ben sûr ! Et la mère Morin, tu la regretterais pas ?

JEANNETTE.

Ah ! mais si, j'la regretterais, et toi aussi, Nanon, et Blanchette. Mais enfin, une mère, une noble, une riche !

NANON.

Ça te plairait d'être riche, de n'être plus paysanne ?

JEANNETTE.

Je crois ben ! Ah ! mais je ne serais pas embarrassée.

NANON, mystérieusement.

Eh ben ! ta mère est retrouvée !

JEANNETTE.

Vraiment !

NANON.

Elle te réclame, dans un instant elle va être ici.

JEANNETTE.

Oh ! Quel bonheur ! Je vais être riche !

NANON.

Je croyais que tu serais plutôt heureuse d'avoir retrouvé ta mère !

JEANNETTE.

Dame ! Je ne la connais pas encore !

NANON.

Quand tu vas la voir, tu seras bien câline avec elle ?

JEANNETTE.

Laissez faire. J'saurai bien m'y prendre ! (A part.) Sapristi, en voilà une affaire !

NANON.

La voici qui vient, je te laisse avec elle. (A part.) Comme ça, ça se fera tout seul, et si la comtesse ne s'y laisse pas prendre, elle ne pourra pas non plus nous accuser.

Elle sort.

SCÈNE X

JEANNETTE, LA COMTESSE.

JEANNETTE, à part.

La voilà ! C'est une belle dame ! Je ne sais pas si je dois lui parler la première. J'vas attendre pour n'pas m'tromper.

LA COMTESSE, à part.

Une jeune fille ! Ce n'est pas celle que j'ai vue tout à l'heure. (Haut.) Dites-moi, mon enfant...

JEANNETTE, timide.

Madame ! (A part.) Elle m'impose ! Oh ! Elle m'impose !

LA COMTESSE.

Voulez-vous prévenir madame Morin que je suis là : la comtesse de Lange.

JEANNETTE, regardant la comtesse comiquement, à part.

Une comtesse ! (Haut.) Elle va venir tout à l'heure ! Je sais tout !

LA COMTESSE.

Vous savez tout ! Quoi ?

JEANNETTE.

Eh ben ! votre fille ! Vous venez la rechercher ? C'est-y ça ?

LA COMTESSE, étonnée.

Sans doute ! Mais...

JEANNETTE.

Eh ben... Eh ben, me v'là!

LA COMTESSE.

Vous! Vous! ma fille...?

JEANNETTE, hochant la tête.

Oui! oui!

LA COMTESSE, à part.

Mon cœur ne me dit rien! (Haut.) Vous n'êtes pas la fille de la mère Morin?

JEANNETTE.

Non, madame! C'est Blanchette.

LA COMTESSE.

Blanchette!

JEANNETTE.

Moi, je suis l'enfant que la mère Morin a recueillie. (A part.) Elle n'a pas l'air bien contente de me revoir!

LA COMTESSE, à part.

Alors, c'est elle! Mais je ne trouve sur sa figure aucun des traits de la famille! Je devrais déjà l'avoir pressée sur mon cœur, et mes bras ne s'ouvrent pas!

JEANNETTE.

Je n'vous trompe pas, allez, madame! Nanon m'a raconté bien des fois mon histoire, que je la sais par cœur! Mes parents étaient des nobles qui étaient poursuivis.

LA COMTESSE.

C'est bien cela!

JEANNETTE.

Ils sont riches! Ils m'ont laissée chez la mère Morin, quasiment comme en nourrice. Maintenant, Nanon m'a dit que vous veniez me rechercher ; eh ben ! me v'là !

LA COMTESSE.

Nanon ! Quelle est cette Nanon ?

JEANNETTE.

C'est la servante de la mère Morin, qui est dans la maison depuis plus de vingt ans, et qui l'aime ben, allez !

LA COMTESSE.

Ce n'est donc pas madame Morin qui vous a instruite de mon arrivée ?

JEANNETTE.

Je ne l'ai point vue... Je revenais du pâtis aux oies, qu'étaient passées dans l'autre champ, quand Nanon m'a raconté tout ça.

LA COMTESSE, à part.

Est-ce qu'on voudrait me tromper ?

JEANNETTE.

Mais si c'est vous qui êtes ma maman, pourquoi que vous ne m'embrassez pas ?

LA COMTESSE, l'embrassant.

Si, venez, mon enfant ! Je vous embrasserai tout de même, mais je crains que Nanon ait fait erreur en vous disant tout cela... (A part.) A moins qu'elle n'ait eu trop de zèle ! Mais trompe-t-on le cœur d'une mère ?

JEANNETTE.

Alors, je peux vous appeler maman ?

LA COMTESSE.

Allez chercher la mère Morin, ce n'est que devant elle que je pourrai vous appeler ma fille.

JEANNETTE.

Eh ben! justement, la voici.

SCÈNE XI

LA COMTESSE, JEANNETTE, LA MÈRE MORIN.

LA COMTESSE.

Eh bien! madame Morin, l'enfant a été prévenue?

LA MÈRE MORIN.

Oui, madame la comtesse.

LA COMTESSE.

Et cette enfant?

LA MÈRE MORIN.

Vous pouvez la reprendre, madame, c'est une bien grande douleur pour moi; mais, moi aussi, j'ai le cœur d'une mère, et je comprends que je dois me sacrifier. Mais vous me permettrez de la voir, n'est-ce pas? Elle n'est pas à tout jamais perdue pour moi? Ce serait vraiment trop cruel!

JEANNETTE.

Pardine! c'est tout convenu!

LA COMTESSE.

Certainement! Elle serait une ingrate, moi-même aussi, en agissant autrement.

LA MÈRE MORIN.

Merci ! Merci, madame.

JEANNETTE.

Ah ! que vous êtes bonne ! Maman ! J'peux t'y vous tutoyer ?

LA MÈRE MORIN.

Que dit-elle ?

JEANNETTE.

Dame ! puisque c'est ma mère ! Blanchette vous tutoie bien ?

LA COMTESSE, regardant la mère Morin.

En effet ! Si je suis sa mère ?...

LA MÈRE MORIN.

Qui vous a dit ?...

JEANNETTE.

C'est Nanon !

LA MÈRE MORIN.

Nanon ! Comment ? Elle a osé... Mais, alors... Blanchette ne sait rien...

SCÈNE XII

LES MÊMES, BLANCHE, puis NANON.

BLANCHE.

Blanche sait tout ! Nanon vient de tout me dire.

LA COMTESSE, embrassant Blanche.

Ah ! ma fille ! ma fille ! Cette fois je ne me trompe pas !

JEANNETTE, à part.

Eh bien ! moi, je ne suis donc plus rien ? Je n'ai donc plus de mère ?

LA MÈRE MORIN.

Petite ingrate ! Est-ce que je ne suis plus là ? (Elle embrasse Jeannette.) Où est Nanon ?

NANON, s'approchant timidement.

Mère Morin !

LA MÈRE MORIN.

Ce n'est pas bien, ce que vous avez fait là, Nanon !... Oui, je sais, c'est pour moi ! Mais on ne trompe pas le cœur d'une mère.

LA COMTESSE, serrant Blanche dans ses bras.

Oh ! Comme je suis heureuse ! (Mouvement de la mère Morin.) Pardon ! Mais je le suis depuis si peu de temps !

LA MÈRE MORIN, essuyant une larme.

Oh ! je vous comprends !

BLANCHE, entre la comtesse et la mère Morin. — A la comtesse.

Eh bien ! voulez-vous que je le sois aussi, complètement ? Il faut m'accorder la première grâce que je vais vous demander.

LA COMTESSE.

Oh ! parle ! parle ! Tout est accordé d'avance !

BLANCHE.

Voici une maison où j'ai été bien heureuse pendant vingt ans, grâce à qui ? (Elle prend la main de la mère Morin.) Je vais entrer maintenant dans une maison où le bonheur va me suivre jusqu'à la fin de mes jours mais ce bonheur que j'emporte va disparaître d'ici et la pauvre mère Morin va rester bien seule et bien désolée. Il ne faut pas que cela soit ! (Regardant la comtesse.) N'est-ce pas ?

LA COMTESSE.

Parle, ma fille !

BLANCHE.

Eh bien ! je propose ceci : c'est que nous ne nous quittions plus ! J'emmène tout le monde avec moi.

JEANNETTE.

Et moi aussi ?

BLANCHE.

Et toi aussi, et Nanon aussi ! (A la mère Morin.) N'est-ce pas, maman ? (A la comtesse.) N'est-ce pas, ma mère ?

LA COMTESSE.

Oui ! ma chère enfant, oui, tu as lu dans mon cœur, tu viens de traduire ma pensée ! Comme cela, mère Morin, à nous deux nous n'aurons qu'une fille, mais je ne serai pas jalouse et je consens à ce qu'elle ait deux mères !

FIN

Imprimerie générale de Châtillon-sur-Seine. — M. Pepin.

PIÈCES POUR LA JEUNESSE

	Jeunes gens.	Jeunes filles.	Prix	
Les Amis de Province	2	4	1	»
L'Atelier de peintre	3	5	1	»
Les Avocats	4	»	1	»
Le Billet de Loterie	6	»	1	»
Un Cercle de femmes	1	7	1	»
La Cigale et la Fourmi	»	6	1	»
Les Conseils de mon oncle	3	1	1	»
Un Coup de tête	»	2	1	»
Le Crime de Moutiers	5	»	1	»
Les Cuisinières	»	7	1	»
Deux mères	»	5	1	»
Une Discrétion	»	2	1	»
La Dot d'Alice	»	2	1	»
Un Fiancé anonyme	»	5	1	»
La Grande Sœur	»	2	1	»
Le général Pruneau (de Tours)	2	1	1	»
La Malade imaginaire	»	6	1	»
Malices perdues	1	1	1	»
Le Pâté	3	1	1	»
Mentor (charade)	»	4	1	»
La Négresse	»	5	1	»
Les Pommes de la mère Aubry	»	3	1	»
Le premier bal	»	5	1	»
Un premier habit	1	1	1	»
Le Prix d'honneur	»	2	1	»
Les Souhaits interrompus	»	4	1	»

IMPRIMERIE GÉNÉRALE DE CHATILLON-S-SEINE. — M. PEPIN.

www.ingramcontent.com/pod-product-compliance
Ingram Content Group UK Ltd.
Pitfield, Milton Keynes, MK11 3LW, UK
UKHW021038180726
13838UKWH00004B/1879

9 782329 345123